DR. OETKER

PARTY DRINKS

COSMOPOLITAN, ABSINTH-RITUAL, CAIPIRINHA-BOWLE, DAYLIGHT...

DR. OETKER

PARTY DRINKS

COSMOPOLITAN, ABSINTH-RITUAL,
CAIPIRINHA-BOWLE, DAYLIGHT...

Dr. Oetker Verlag

Vorwort

Diese Drinks-Rezepte geben jeder Party Schwung.
Hier finden Sie bekannte Klassiker und tolle neue Mixideen, die einfach erklärt, leicht nachzumixen und trotzdem ganz klassisch zubereitet sind. Probieren Sie Klassiker wie Gimlet, Caipirinha und Swimming Pool oder lassen Sie sich von trendigen Drinks wie Fledermaus, Cosmopolitan und Moulin Rouge überraschen.
Schluss mit den Bargeheimnissen und dem Fachchinesisch.
Im umfangreichen Ratgeber finden Sie Erklärungen und Tipps zu allen Mixfragen und Zutaten, die Sie schon immer verstehen wollten. Viele Rezepte enthalten zudem noch nützliche und interessante Tipps zu den Drinks oder den Spirituosen.
Auch einige erfrischende Party-Bowlen wie die Sangria-Bowle oder die Caipirinha-Bowle werden bei Ihren Gästen bestimmt gut ankommen.
Aber nicht nur Drinks mit Alkohol, auch viele alkoholfreie, aber dennoch trendige und leckere Drinks werden Sie begeistern. Denn es macht als Autofahrer sicherlich mehr Spaß, einige Gläser Deep Red oder Pretty in Pink zu trinken, als den ganzen Abend missmutig am Mineralwasser zu nippen.
Bleibt nur noch die Frage: Welcher ist Ihr Lieblingsdrink?

Abkürzungen

TL	= Teelöffel
ml	= Milliliter
cl	= Centiliter (1 cl = 10 ml)
l	= Liter

Ratgeber

Hinweise und Erklärungen zu Barutensilien, Gläsern, Eissorten, Mixzutaten und anderen Fragen finden Sie im Ratgeber auf Seite 92/93.
Bitte lesen Sie den Ratgeber vor der Zubereitung der Drinks einmal vollständig durch.

Hinweise zu den Rezepten

Lesen Sie bitte vor der Zubereitung des Drinks das Rezept einmal vollständig durch. Oft werden Arbeitsabläufe oder -zusammenhänge dann klarer.
Die Drinks-Rezepte sind – wenn nicht anders angegeben – für 1 Person.
Für die meisten Drinks wird Eis benötigt. Eis, das z. B. zum Shaken benötigt wird und nicht im servierfertigen Drink verbleibt, ist nicht bei den Rezeptzutaten aufgeführt. Nur das in den Zutaten angegebene Eis bleibt im Drink und hält ihn über längere Zeit kühl.

Cosmopolitan

Foto links

- **4 cl Wodka**
- **2 cl Triple Sec Curaçao**
- **1 cl Limettensaft**
- **einige Eiswürfel**
- **2 cl Preiselbeersaft**

- **1 Limettenscheibe (unbehandelt)**

1 Wodka, Triple Sec und Limettensaft mit Eiswürfeln in einem Shaker gut schütteln und durch ein Barsieb in ein zur Hälfte mit Eiswürfeln gefülltes Longdrinkglas abgießen.

2 Preiselbeersaft dazugießen, so dass der Preiselbeersaft auf den Boden des Glases sinkt und den Drink mit einer Limettenscheibe garnieren.

Tipp:
Der Cosmopolitan wird etwas süßer, wenn Sie anstelle von 2 cl Preiselbeersaft 1 cl Grenadinesirup verwenden.

Seabreeze

Foto rechts

- **4 cl Wodka**
- **5 cl Preiselbeersaft**
- **5 cl Grapefruitsaft**
- **einige Eiswürfel**

1 Wodka und Säfte mit einigen Eiswürfeln in einen Shaker geben und gut schütteln.

2 Den Drink durch ein Barsieb in ein zur Hälfte mit Eiswürfeln gefülltes Longdrinkglas abgießen.

Jackpot

- **4 cl Wodka**
- **2 cl Pfirsichlikör**
- **1 cl Zitronensaft**
- **3 cl Pfirsichnektar**
- **8 cl Orangensaft**

- **einige Eiswürfel**
- **1 Orangenscheibe**

1 Wodka, Likör und Säfte mit einigen Eiswürfeln in einem Shaker gut schütteln und durch ein Barsieb in ein zur Hälfte mit Eiswürfeln gefülltes Longdrinkglas abgießen.

2 Den Drink mit einer Orangenscheibe garnieren und mit einem Trinkhalm servieren.

Aperol Sour

Foto links

- **4 cl Aperol (Bitter-Aperitif)**
- **2 cl Zitronensaft**
- **1 cl Zuckersirup**
- **einige Eiswürfel**
- **Sodawasser**

- **1 Orangen- oder Zitronenscheibe**
- **1 Cocktailkirsche**

1 Aperol mit Zitronensaft, Zuckersirup und einigen Eiswürfeln in einen Shaker geben, gut schütteln und durch ein Barsieb in einen zur Hälfte mit Eiswürfeln gefüllten Tumbler (Becherglas) abseihen.

2 Den Drink mit Sodawasser auffüllen und mit einer Orangen- oder Zitronenscheibe und einer Cocktailkirsche servieren. Nach Belieben kurze Trinkhalme dazu reichen.

Aperol Prosecco

Foto rechts

- **4 cl Aperol**
- **kalter Prosecco oder trockener Sekt**

1 Aperol in ein gekühltes Sektglas geben.

2 Das Glas mit Prosecco oder trockenem Sekt auffüllen und den Drink servieren.

Tipp:
Aperol ist mit 11 % vol das einzige europäische Bittergetränk mit einem Alkoholgehalt unter 15 % vol.

Caipirol

- **1 unbehandelte Limette**
- **2 TL brauner Zucker (Rohrzucker)**
- **grob zerstoßenes Eis**
- **6 cl Aperol**

1 Die Limette heiß abwaschen und abtrocknen. Limette achteln und in einen Tumbler (Becherglas) geben. Zucker darüber streuen und die Limettenachtel mit einem Holzstößel zerdrücken.

2 Das Glas mit grob zerstoßenem Eis füllen, Aperol darüber gießen und den Drink umrühren. Den Drink mit einem Trinkhalm servieren.

Southern Ginger

Foto

- **einige Eiswürfel**
- **4 cl Southern Comfort (Whiskeylikör)**
- **kaltes Ginger Ale**

1 Ein Longdrinkglas zur Hälfte mit Eiswürfeln füllen und Southern Comfort darüber gießen.

2 Das Glas mit Ginger Ale auffüllen und den Drink schlicht servieren.

Mint Julep

- **einige Minzeblätter**
- **1 TL Zuckersirup**
- **einige Eiswürfel**
- **4 cl Bourbon Whiskey (z. B. Jack Daniel´s Tennessee Whiskey)**
- **Sodawasser**

- **1 Minzezweig**

1 Minzeblätter mit Zuckersirup in ein Longdrinkglas geben und mit einem Löffel grob zerreiben oder zerdrücken.

2 Das Glas zur Hälfte mit Eiswürfeln füllen, Whiskey dazugeben und das Glas mit Sodawasser auffüllen. Den Drink mit einem Minzezweig garnieren.

■ Tipp:
Juleps sind in Amerika und England beliebte Minzgetränke. Klassisch werden sie mit Crushed Ice zubereitet.

Manhattan

- **4 cl Bourbon Whiskey (z. B. Jack Daniel´s Tennessee Whiskey)**
- **2 cl Martini Rosso**
- **1 Spritzer Angostura Bitter**

1 Die Zutaten zunächst mit einigen Eiswürfeln in ein Rührglas geben und gut verrühren.

2 Anschließend den Drink durch ein Barsieb in ein gut gekühltes Martiniglas abseihen.

Der Acabullco

Foto links

- **einige Eiswürfel**
- **2 cl Wodka (z. B. Wodka Gorbatschow)**
- **2 cl Zitronensaft**
- **1 cl Grenadinesirup**
- **½ Dose oder Flasche Red Bull**
- **1 Stück Orangenscheibe**

1 Ein Longdrinkglas zur Hälfte mit Eiswürfeln füllen. Wodka, Zitronensaft und Grenadine dazugeben und gut umrühren.

2 Red Bull hinzugießen. Den Drink mit einem Stück Orangenscheibe garnieren und mit zwei Trinkhalmen servieren.

Bull's Neck

Foto rechts

- **1 Zitrone (unbehandelt)**
- **einige Eiswürfel**
- **6 cl Whisky**
- **2 Spritzer Angostura Bitter**
- **1 Dose oder Flasche Red Bull**

1 Zitrone heiß abwaschen, abtrocknen und die Schale mit einem scharfen Messer spiralförmig abschälen. Die Zitronenspirale mit Eiswürfeln in ein Fancyglas oder ein großes Longdrinkglas geben.

2 Whisky und Angostura dazugeben, Red Bull hinzugießen und leicht umrühren. Den Drink mit zwei Trinkhalmen servieren.

Tipp:

Das Rezept wurde dem bekannten Drink **Horse's Neck** nachempfunden. Für diesen Drink anstelle von Red Bull Ginger Ale verwenden.

Red Bull Torpedo

- **einige Eiswürfel**
- **4 cl brauner Tequila**
- **1 Prise Chilipulver**
- **10 cl kalte Cola**
- **½ Dose oder Flasche Red Bull**
- **1 Limettenviertel**

1 Ein gut gekühltes Longdrinkglas zur Hälfte mit Eiswürfeln füllen, Tequila darüber gießen und mit etwas Chili bestreuen.

2 Cola und Red Bull dazugießen, das Limettenviertel darüber auspressen und in das Glas geben. Den Drink leicht umrühren und servieren.

Grasshopper

Foto links

- **3 cl Pfefferminzlikör (z. B. Bols Peppermint)**
- **3 cl Crème de Cacao white (z. B. Bols)**
- **3 cl Sahne**
- **1 Karambolescheibe (Sternfrucht)**

1 Liköre und Sahne mit einigen Eiswürfeln in einen Shaker geben und gut schütteln.

2 Anschließend den Drink durch ein Barsieb in eine gut gekühlte Cocktailschale abseihen und mit einem Karambolestern garnieren.

Tipp:
Den Drink statt mit einer Karambolescheibe mit einem Minzezweig garnieren.

Snake in the Grass

Foto rechts

- **einige Eiswürfel**
- **2 cl Pfefferminzlikör (z. B. Bols Peppermint)**
- **2 cl Wodka (z. B. Moskovskaya Wodka)**
- **kalte, klare Zitronenlimonade**

1 Ein Longdrinkglas mit Eiswürfeln füllen und Pfefferminzlikör und Wodka darüber gießen.

2 Das Glas mit Zitronenlimonade auffüllen, den Drink leicht umrühren und mit einem Trinkhalm servieren.

Peppermint Cocktail

- **4 cl Pfefferminzlikör**
- **2 cl Vermouth Dry (trockener Wermut)**
- **1 cl Cognac**

1 Likör mit Wermut und Cognac mit einigen Eiswürfeln in einen Shaker geben und gut schütteln.

2 Anschließend den Drink durch ein Barsieb in eine gut gekühlte Cocktailschale abseihen und servieren.

BOLS ROYAL DISTILLERIES
PREMIUM
Quality
BOLS
INSIDE
BOLS
LIQUEUR
PEPPERMINT
CREME DE MENTHE
liqueur
PRODUCE OF HOLLAND

Frozen Strawberry Daiquiri

Foto

- **5 frische Erdbeeren**
- **5 cl weißer Rum (z. B. Bacardi Light-Dry)**
- **2 Barlöffel feiner Zucker**
- **Saft von 1/2 Limette**
- **1 Barlöffel Zuckersirup**
- **1/2 Tasse Crushed Ice**

- **1 Erdbeere mit Grün**

1 Die Erdbeeren waschen, abtropfen lassen und die Stängelansätze entfernen. Alle Zutaten in einen Elektromixer geben und gut durchmixen.

2 Den Drink in eine gut gekühlte Cocktailschale abgießen und den Glasrand mit einer Erdbeere garnieren.

Tipp:
Noch fruchtiger wird der Drink, wenn man anstelle von Zuckersirup Strawberry Sirup verwendet.

Daiquiri

- **4 cl weißer Rum**
- **2 cl Limetten- oder Zitronensaft**
- **2 cl Zuckersirup**

- **nach Belieben 1 Limetten- oder Zitronenscheibe**

1 Rum mit Saft, Zuckersirup und einigen Eiswürfeln in einen Shaker geben und gut schütteln.

2 Anschließend den Drink durch ein Barsieb in eine gut gekühlte Cocktailschale abseihen und nach Belieben mit einer Limetten- oder Zitronenscheibe garnieren.

Tipp:
Der Daiquiri kann statt mit Saft und Zuckersirup auch nur mit 4 cl Lime Juice zubereitet werden.
Für **Frozen Daquiri** die Zutaten mit 1/2 Tasse Crushed Ice im Elektromixer mixen.

Cuba Libre

- **einige Eiswürfel**
- **4 cl weißer Rum**
- **2–3 Spritzer Zitronensaft**
- **kalte Cola**

- **1 Zitronenscheibe**

1 Ein gekühltes Longdrinkglas zur Hälfte mit Eiswürfeln füllen, Rum und Zitronensaft hinzugeben und das Glas mit Cola auffüllen.

2 Den Drink leicht umrühren, mit einer Zitronenscheibe garnieren und mit einem Trinkhalm servieren.

Tabu Crusta

Foto links

- **Zitronensaft**
- **Zucker**
- **1 Cocktailkirsche**

- **2 cl Apricot Brandy**
- **2 cl Himbeergeist**
- **1 cl Zitronensaft**

1 Einen Sektkelch mit dem Rand zuerst in Zitronensaft, dann in Zucker drehen. Die Cocktailkirsche in das Glas geben.

2 Apricot Brandy, Himbeergeist und Zitronensaft mit einigen Eiswürfeln in einen Shaker geben und gut schütteln.

3 Den Drink durch ein Barsieb in den gut gekühlten Sektkelch abseihen und servieren.

Brandy Crusta

Foto rechts

- **Zitronensaft**
- **Zucker**
- **etwas Zitronenschale (unbehandelt)**

- **Saft von 1/2 Zitrone**
- **1 Barlöffel Zucker**
- **1 Spritzer Angostura Bitter**
- **1 Barlöffel Maraschinolikör**
- **1 Barlöffel Triple sec Curaçao**
- **4 cl Weinbrand**

1 Einen Sektkelch mit dem Rand zuerst in Zitronensaft, dann in Zucker drehen. Zitronenschale in das Glas geben.

2 Zitronensaft mit Zucker, Angostura, Maraschinolikör, Curaçao und Weinbrand und einigen Eiswürfeln in einen Shaker geben und gut schütteln.

3 Den Drink durch ein Barsieb in den gut gekühlten Sektkelch abseihen und servieren.

Long Island Ice Tea

- **einige Eiswürfel**
- **2 cl Wodka**
- **2 cl weißer Rum**
- **2 cl Tequila**
- **2 cl Gin**
- **2 cl Triple Sec Curaçao**
- **3 cl Limetten- oder Zitronensaft**
- **kalte Cola**

- **1 Physalis (Kapstachelbeere)**

1 Ein Longdrinkglas zur Hälfte mit Eiswürfeln füllen. Wodka, Rum, Tequila, Gin, Triple Sec und Limetten- oder Zitronensaft darüber gießen.

2 Das Glas mit Cola auffüllen, den Drink leicht umrühren, mit einer Physalis garnieren und mit einem Trinkhalm servieren.

Gimlet

Foto

- **4 cl Gin (z. B. Gordon`s London Dry Gin)**
- **2 cl Lime Juice**

- **1 Limettenscheibe**
- **1/2 Zitronenscheibe**

1 Gin und Lime Juice mit einigen Eiswürfeln in ein Rührglas geben und gut verrühren.

2 Den Drink in eine gut gekühlte Cocktailschale abseihen und mit einem Spieß aus Limetten- und Zitronenscheiben garnieren.

White Lady

- **4 cl Gin (z. B. Gordon`s London Dry Gin)**
- **2 cl Cointreau**
- **2 cl Zitronensaft**

- **etwas Zitronenschale**

1 Gin mit Cointreau und Zitronensaft mit einigen Eiswürfeln in einen Shaker geben und gut schütteln.

2 Anschließend den Drink durch ein Barsieb in eine gut gekühlte Cocktailschale abseihen und mit etwas Zitronenschale garnieren.

Gin Fizz

- **5 cl Gin**
- **3 cl Zitronensaft**
- **2 cl Zuckersirup**
- **einige Eiswürfel**
- **Sodawasser**

- **1 Zitronenscheibe**

1 Gin mit Zitronensaft, Zuckersirup und einigen Eiswürfeln in einen Shaker geben und gut und lange schütteln.

2 Anschließend den Drink durch ein Barsieb in ein zur Hälfte mit Eiswürfeln gefülltes Longdrinkglas abseihen, mit Sodawasser auffüllen und mit einer Zitronenscheibe garnieren.

Night and Day

Foto links

- **1 cl Cognac**
- **1 cl Apricot Brandy**
- **4 cl Orangensaft**
- **10 cl kalter trockener Sekt**

1 Cognac mit Apricot Brandy, Orangensaft und einigen Eiswürfeln im Shaker gut schütteln und durch ein Barsieb in ein großes, gekühltes Stielglas abseihen.

2 Das Glas mit dem Sekt auffüllen und servieren.

Bellini

Foto rechts

- **1–2 weiße Pfirsiche**
- **kalter, trockener Sekt**
- **nach Belieben etwas Zitronensaft oder Pfirsichlikör**

1 Pfirsiche kurz in kochendes Wasser legen, kalt abschrecken und enthäuten. Das Fruchtfleisch vom Stein lösen und pürieren.

2 Das Pfirsichmus in eine Cocktailschale geben und mit kaltem Sekt langsam aufgießen, dabei mit einem Barlöffel leicht umrühren.

3 Es kann nach Belieben etwas Zitronensaft oder Pfirsichlikör hinzugegeben werden.

Tipp:
Der Bellini schmeckt besonders gut, wenn man anstelle von Sekt Champagner verwendet.

Hemingway

- **4 cl weißer Rum**
- **2 cl Zitronensaft**
- **1 cl Zuckersirup**
- **kalter, trockener Sekt**

1 Rum mit Zitronensaft, Zuckersirup und einigen Eiswürfeln im Shaker gut schütteln und durch ein Barsieb in einen Sektkelch abseihen.

2 Den Kelch mit Sekt auffüllen und den Drink servieren.

Tequila Sunrise

Foto

- **5 cl Tequila (z. B. Sierra Tequila Silver)**
- **10 cl Orangensaft**
- **einige Eiswürfel**
- **2 cl Grenadine**

- **½ Zitronen- oder Orangenscheibe**

1 Tequila und Orangensaft mit einigen Eiswürfeln in einen Shaker geben und gut schütteln.

2 Anschließend den Drink durch ein Barsieb in ein zur Hälfte mit Eiswürfeln gefülltes Longdrinkglas abseihen.

3 Grenadine darüber gießen, absinken lassen und leicht verrühren, so dass der Drink von unten nach oben immer heller wird.

4 Den Drink mit einer halben Zitronen- oder Orangenscheibe garnieren und nach Belieben mit einem Trinkhalm servieren.

Nirwana

- **4 cl Tequila (z. B. Sierra Tequila Silver)**
- **2 cl Pfirsichlikör (z. B. Original Peachtree)**
- **1 Barlöffel Blue Curaçao (z. B. De Kuyper)**
- **8 cl Orangensaft**
- **2 cl Zitronensaft**
- **einige Eiswürfel**
- **1 Stück Ananas**
- **1 Cocktailkirsche**

1 Tequila, Liköre und Säfte mit einigen Eiswürfeln in einen Shaker geben und gut schütteln.

2 Anschließend den Drink durch ein Barsieb in ein zur Hälfte mit Eiswürfeln gefülltes Longdrinkglas abseihen.

3 Den Drink mit einem Stück Ananas und einer Cocktailkirsche garnieren und mit einem Trinkhalm servieren.

Margarita

- **Zitronensaft**
- **Salz**

- **3 cl Tequila**
- **1 cl Cointreau**
- **2 cl Zitronensaft**

- **1 Zitronenscheibe**

1 Den Rand einer gut gekühlten Cocktailschale zuerst in Zitronensaft, dann in Salz drehen, so dass ein Salzrand (Crusta) entsteht.

2 Tequila, Cointreau und Zitronensaft mit einigen Eiswürfeln in einem Shaker gut schütteln und durch ein Barsieb in das Glas abseihen. Den Drink mit einer Zitronenscheibe garnieren.

Tipp:
Klassisch hat der Margarita eine Crusta aus Salz. Wer es weniger salzig mag, kann den Rand auch aus feinem Zucker machen.

SIERRA
TEQUILA

1001 Nacht

Foto links

- **Orangensaft**
- **Zucker**

- **4 cl Crème de Cacao brown (z. B. Bols)**
- **2 cl Triple Sec Curaçao (z. B. Bols)**
- **3 cl Dry Orange Curaçao (z. B. Bols)**

1 Den Rand einer gut gekühlten Cocktailschale zuerst in Orangensaft, dann in Zucker drehen, so dass ein Zuckerrand entsteht.

2 Die Liköre mit einigen Eiswürfeln in einen Shaker geben und gut schütteln.

3 Anschließend den Drink durch ein Barsieb in die vorbereitete Cocktailschale gießen und servieren.

Brown Cow

Foto rechts

- **einige Eiswürfel**
- **5 cl Crème de Cacao brown (z. B. Bols)**
- **12 cl Milch**
- **1–2 Ananasstücke**

1 Ein Longdrinkglas zur Hälfte mit Eiswürfeln füllen und Crème de Cacao darüber gießen.

2 Milch dazugießen und den Drink umrühren. Den Glasrand mit Ananasstücken garnieren und den Drink mit Trinkhalmen servieren.

Alexander

- **4 cl Metaxa 5* Classic**
- **2 cl Crème de Cacao brown**
- **4 cl Sahne**

1 Die Zutaten mit einigen Eiswürfeln in einen Shaker geben und gut und lange schütteln.

2 Anschließend den Drink durch ein Barsieb in ein gut gekühltes Stielglas abseihen und servieren.

Tipp:
Den Drink nach Belieben mit etwas geriebener Muskatnuss bestreuen. Der Alexander gehört zu den wenigen Drinks, die etwas länger geschüttelt werden sollten (etwa 1/2 Minute).

BOLS ROYAL DISTILLERIES
BOLS
BOLS
LIQUEUR
CREME DE CACAO
liqueur
PRODUCE OF HOLLAND

Draculas Love

Foto links

- **5 cl Wodka Red**
- **3 cl Likör 43 (Tropenfruchtlikör)**
- **2 cl Zimtsirup**
- **3 cl Sahne**
- **6 cl Ananassaft**

- **einige Eiswürfel**
- **etwas gemahlener Zimt**

1 Die Zutaten mit Eiswürfeln in einem Shaker gut schütteln.

2 Anschließend den Drink durch ein Barsieb in ein zur Hälfte mit Eiswürfeln gefülltes Fancyglas abseihen und mit etwas Zimt bestreuen.

Vampir

Foto rechts

- **5 cl Wodka**
- **2 cl Melonenlikör**
- **1 cl Himbeerlikör**
- **2 cl Himbeersirup**
- **2 cl Zitronensaft**
- **5 cl Pfirsichsaft**
- **5 cl Orangensaft**
- **einige Eiswürfel**
- **1 Scheibe Honigmelone**
- **1 Cocktailkirsche**

1 Die Zutaten mit Eiswürfeln in einem Shaker gut schütteln.

2 Anschließend den Drink durch ein Barsieb in ein zur Hälfte mit Eiswürfeln gefülltes Longdrinkglas abseihen und mit einer Honigmelonenscheibe und einer Cocktailkirsche garnieren.

Transsilvania Feeling

- **4 cl Wodka**
- **2 cl Passoã (Passionsfruchtlikör)**
- **1 cl Red Orange Liqueur (z. B. Bols)**
- **2 cl Mangosirup**
- **1 cl Grenadinesirup**
- **5 cl Grapefruitsaft**
- **10 cl Ananassaft**
- **einige Eiswürfel**
- **1/2 Orangenscheibe**
- **1 Cocktailkirsche**
- **1/2 Zitronenscheibe**

1 Die Zutaten mit einigen Eiswürfeln in einen Shaker geben und gut schütteln.

2 Anschließend den Drink durch ein Barsieb in ein großes, zur Hälfte mit Eiswürfeln gefülltes Longdrinkglas abseihen.

3 Die Orangenscheibe mit der Cocktailkirsche auf einen Spieß stecken und den Drink mit dem Spieß, der Zitronenscheibe und einem Trinkhalm servieren.

Gold Rush

Foto

- **2 cl Rum (z. B. Bacardi Gold)**
- **2 cl Mandarinenlikör**
- **2–3 Eiswürfel**
- **kalter Champagner**

1 Rum mit Mandarinenlikör und Eiswürfeln in eine gut gekühlte Champagnerschale geben und verrühren.

2 Das Glas mit Champagner auffüllen und den Drink sofort servieren.

Tipp:
Der Drink schmeckt auch mit trockenem Sekt oder Prosecco.

Fledermaus

- **3 cl weißer Rum (z. B. Bacardi Light-Dry)**
- **2 cl Rum (z. B. Bacardi Gold)**
- **1 cl brauner Rum (z. B. Bacardi Black)**
- **2 cl Kaffeelikör (z. B. Kahlúa)**
- **5 cl Limettensaft**
- **10 cl kalter Orangensaft**
- **einige Eiswürfel**

- **1 Limettenscheibe**
- **1 Cocktailkirsche**

1 Rum, Liköre und Säfte mit einigen Eiswürfeln in einen Shaker geben und gut schütteln.

2 Anschließend den Drink durch ein Barsieb in ein großes, zur Hälfte mit Eiswürfeln gefülltes Longdrinkglas abseihen.

3 Die Limettenscheibe mit der Cocktailkirsche auf einen Spieß stecken und über den Glasrand legen. Den Drink mit einem Trinkhalm servieren.

Tallyman's Drink

- **4 cl brauner Rum**
- **2 cl Crème de Bananes**
- **2 cl Zitronensaft**
- **4 cl Orangensaft**

- **einige Eiswürfel**

- **1 Fruchtspieß aus 1 Bananenscheibe und 1 Cocktailkirsche**

1 Rum, Likör und Säfte mit einigen Eiswürfeln in einen Shaker geben und gut schütteln.

2 Den Drink durch ein Barsieb einen Tumbler (Becherglas) auf einige Eiswürfel abseihen, mit einem Fruchtspieß garnieren und servieren.

Moulin Rouge

Foto links

- **2 cl Apricot Brandy**
- **2 cl Gin**
- **2 cl Zitronensaft**
- **1 cl Grenadinesirup**
- **10 cl kalter Champagner**
- **1 Orangen- oder Karambolescheibe**
- **1 Cocktailkirsche**

1 Die Zutaten ohne Champagner mit einigen Eiswürfeln in einem Shaker gut schütteln und durch ein Barsieb in ein Stielglas abseihen.

2 Champagner dazugießen und den Drink mit einer Orangen- oder Karambolscheibe und einer Cocktailkirsche garnieren.

Tipp:
Anstelle von Champagner schmeckt auch halbtrockener oder trockener Sekt.

Veritas

Foto rechts

- **2 cl Scotch Whisky**
- **1 cl Passoã (Passionsfruchtlikör)**
- **1 Spritzer Angostura Bitter**
- **1 cl Grenadinesirup**
- **3 cl Orangensaft**
- **5 cl kalter Prosecco**

- **1 Cocktailkirsche**

1 Alle Zutaten außer Prosecco mit einigen Eiswürfeln im Shaker gut schütteln und durch ein Barsieb in eine Sektschale abseihen.

2 Prosecco dazugießen, eine Cocktailkirsche mit in das Glas geben und den Drink servieren.

Red Kiss

- **2 cl brauner Rum**
- **2 cl Kirschlikör**
- **4 cl Ananassaft**
- **10 cl kalter Sekt (z. B. Henkell Trocken)**

- **1 Stück Ananas**
- **1–2 Cocktailkirschen**

1 Rum mit Kirschlikör, Ananassaft und einigen Eiswürfeln in einen Shaker geben und gut schütteln.

2 Anschließend die Mischung durch ein Barsieb in eine gut gekühlte Cocktailschale abseihen und Sekt dazugießen.

3 Den Drink mit einem Ananasstück und mit Cocktailkirschen garnieren und servieren.

SSH!

Caipirissima

Foto

- **1 Limette (unbehandelt)**
- **2 Barlöffel brauner Zucker (Rohrzucker)**
- **4–6 cl brauner Rum (z. B. Bacardi Premium Black)**
- **Crushed Ice**

1 Die Limette achteln, in einen Tumbler (Becherglas) geben, mit Rohrzucker bestreuen und mit einem Holzstößel kräftig zerdrücken.

2 Rum dazugeben, das Glas bis zum Rand mit Crushed Ice auffüllen und vorsichtig umrühren.

3 Den Drink mit Trinkhalmen servieren.

Mai Tai

- **grob zerstoßenes Eis**
- **1 Limette (unbehandelt)**
- **6 cl brauner Rum**
- **2 cl Cointreau**
- **1 cl Zuckersirup**
- **1 cl Zitronensaft**
- **1 cl Mandelsirup**
- **1 Cocktailkirsche**
- **1 Minzezweig**

1 Ein Longdrinkglas zur Hälfte mit zerstoßenem Eis füllen. Die Limette heiß abwaschen, abtrocknen und vierteln, über dem Eis auspressen und einige Limettenstücke dazugeben.

2 Die anderen Zutaten mit Eis im Shaker gut schütteln und durch ein Barsieb in das Glas abseihen.

3 Den Drink kurz umrühren und mit einer Cocktailkirsche und einem Minzezweig servieren.

Banana Royal

- **½ Banane**
- **5 cl brauner Rum**
- **8 cl Ananassaft**
- **2 cl Sahne**
- **2 cl Cream of Coconut**
- **einige Eiswürfel**
- **1 Ananasstück**

1 Alle Zutaten mit 2–3 Eiswürfeln in einen Elektomixer geben und gut durchmixen.

2 Den Drink in ein Fancyglas auf einige Eiswürfel abgießen und mit einem Ananasstück garnieren.

BACARDI

Blow up

Foto links

- **2 cl Erdbeerlikör oder Erdbeersirup**
- **2 cl Triple Sec Curaçao**
- **6 cl Orangensaft**
- **einige Eiswürfel**
- **10 cl kalter Sekt (z. B. Henkell Trocken)**
- **1 Erdbeere**

1 Liköre und Saft mit einigen Eiswürfeln in einen Shaker geben und gut schütteln.

2 Anschließend durch ein Barsieb in ein zur Hälfte mit Eiswürfeln gefülltes Longdrinkglas abseihen. Den Sekt dazugießen und den Drink mit einer Erdbeere garnieren.

Green Ghost

Foto Mitte

- **4 cl Grüne Banane Likör**
- **6 cl Orangensaft**
- **einige Eiswürfel**
- **10 cl kalter Sekt**

- **1 Fruchtspieß**

1 Likör und Orangensaft in ein zur Hälfte mit Eiswürfeln gefülltes Longdrinkglas schütten.

2 Sekt hinzugießen, den Drink umrühren und mit einem Fruchtspieß garnieren.

Azzurro Bacio

Foto rechts

- **3 cl Blue Curaçao**
- **2 cl Limettensirup**
- **1 cl Zitronensaft**
- **10 cl kalter Sekt**

1 Die Drinkzutaten ohne Sekt mit einigen Eiswürfeln in einen Shaker geben und gut schütteln.

2 Anschließend durch ein Barsieb in ein großes, gekühltes Stielglas abseihen und den Sekt dazugießen.

Flying Kangaroo

Foto links

- **3 cl Wodka**
- **3 cl weißer Rum**
- **1 cl Galliano**
- **1 cl Cream of Coconut**
- **1 cl Sahne**
- **4 cl Ananassaft**
- **2 cl Orangensaft**

- **grob zerstoßenes Eis**

- **1 Ananasscheibe**
- **1 Cocktailkirsche**

1 Die Drinkzutaten mit Eiswürfeln in einem Shaker gut schütteln und in ein zur Hälfte mit zerstoßenem Eis gefülltes Fancyglas abseihen.

2 Den Drink mit einer Ananasscheibe und einer Cocktailkirsche garnieren und servieren.

Banana Italiano

Foto rechts

- **3 cl Galliano**
- **3 cl Crème de Bananes (z. B. Bols)**
- **5 cl Sahne**

- **einige Eiswürfel**

- **1 Bananenscheibe**
- **1 Karambolescheibe (Sternfrucht)**

1 Die Liköre und Sahne mit einigen Eiswürfeln in einen Shaker geben und gut schütteln.

2 Anschließend den Drink durch ein Barsieb in ein zur Hälfte mit Eiswürfeln gefülltes Longdrinkglas abseihen und mit einer Bananenscheibe und einem Karambolestern garnieren.

Harvey Wallbanger

- **einige Eiswürfel**
- **4 cl Wodka**
- **10 cl Orangensaft**
- **2 cl Galliano**

- **1 Orangenscheibe**

1 Ein Longdrinkglas zur Hälfte mit Eiswürfeln füllen. Wodka und Orangensaft darüber gießen und umrühren.

2 Galliano langsam darauf gießen und nicht mehr verrühren. Den Drink mit einer Orangenscheibe garnieren und servieren.

Tipp:
Der Harvey Wallbanger ist die mit Galliano verfeinerte Version des bekannten Drinks **Screw Driver**.

Plaisir

Foto

- **3 cl weißer Rum (z. B. Barcadi Light-Dry)**
- **2 cl Peach Brandy oder Apricot Brandy**
- **1 Barlöffel Orangensaft**
- **1 Barlöffel Zitronensaft**
- **1 Spritzer Angostura Bitter**
- **1 Cocktailkirsche**
- **1 Fruchtspieß aus Kiwi- und Karambolescheiben**

1 Rum mit Peach oder Apricot Brandy, Orangensaft, Zitronensaft und Angostura und einigen Eiswürfeln in einen Shaker geben und gut schütteln.

2 Den Drink durch ein Barsieb in ein gut gekühltes Cocktailglas abseihen.

3 Die Cocktailkirsche mit in das Glas geben und den Drink mit einem Fruchtspieß garnieren.

Summer Dream

- **3 cl brauner Rum**
- **2 cl weißer Rum**
- **1 cl Gin**
- **1 cl Cointreau**
- **2 cl Crème de Cassis**
- **2 cl Zitronensaft**
- **6 cl Maracujasaft**
- **6 cl Ananassaft**
- **einige Eiswürfel**
- **1 Orangenscheibe**
- **1 Zitronenscheibe**
- **1 Cocktailkirsche**
- **1 Minzezweig**

1 Alle Drinkzutaten in ein zur Hälfte mit Eiswürfeln gefülltes Fancyglas geben und gut verrühren.

2 Orangen- und Zitronenscheibe, Cocktailkirsche und Minze auf einen Spieß stecken und ihn über den Glasrand legen. Den Drink mit einem Trinkhalm servieren.

Piña Colada

- **6 cl weißer Rum**
- **3 cl Cream of Coconut**
- **6 cl Ananassaft**
- **3–4 Ananasstücke**

- **grob zerstoßenes Eis**
- **1 Ananasstück**
- **1 Cocktailkirsche**

1 Rum mit Cream of Coconut, Ananassaft und Ananasstücken in einen Elektromixer geben und gut durchmixen.

2 Den Drink in ein zur Hälfte mit grob zerstoßenem Eis gefülltes Fancyglas geben, mit einem Ananasstück und einer Cocktailkirsche garnieren und mit zwei Trinkhalmen servieren.

Black Death

Foto links

- 4 cl Blue Curaçao
- 2 cl Tequila
- 2 cl Grenadinesirup
- 4 cl Zitronensaft
- 8 cl Blutorangensaft
- einige Eiswürfel
- 1 Zitronenscheibe
- 1 Cocktailkirsche

1 Alle Zutaten mit Eiswürfeln in einem Shaker gut schütteln und durch ein Barsieb in ein Longdrinkglas auf einige Eiswürfel abgießen.

2 Eine Zitronenscheibe mit einer Cocktailkirsche an den Glasrand stecken und den Drink servieren.

Zombie

Foto rechts

- 4 cl weißer Rum
- 4 cl brauner Rum (37,5 % vol)
- 2 cl brauner Rum (54,5 % vol)
- 2 cl Cointreau
- 2–3 cl Grenadinesirup
- 2 cl Maracujasirup
- 4 cl Zitronensaft
- 4 cl Orangensaft
- 4 cl Ananassaft

- grob zerstoßenes Eis
- 1 Ananasstück
- 1 Cocktailkirsche
- 1 Minzezweig

1 Die Zutaten mit Eiswürfeln im Shaker gut schütteln und durch ein Barsieb in ein zur Hälfte mit grob zerstoßenem Eis gefülltes Longdrinkglas abseihen.

2 Den Drink mit einem Ananasstück, einer Cocktailkirsche und Minze garnieren.

El Diabolo

- ½ gewaschene Limette (unbehandelt)
- einige Eiswürfel
- 5 cl Tequila
- 2 cl Crème de Cassis
- kaltes Ginger Ale

1 Die Limettenhälfte in Achtel schneiden, in einen Tumbler (Becherglas) geben und mit einem Holzstößel zerdrücken.

2 Eiswürfel dazugeben, Tequila und Crème de Cassis hinzufügen. Das Glas mit Ginger Ale auffüllen und den Drink kurz verrühren.

Mojito

Foto

- **1 Barlöffel Zucker oder Zuckersirup**
- **6 cl weißer Rum (z. B. Bacardi Light-Dry)**
- **Saft von 1 Zitrone**
- **6–8 Minzeblätter**
- **einige Eiswürfel oder grob zerstoßenes Eis**
- **Sodawasser**

- **Minzeblätter**

1 Zucker oder Zuckersirup mit Rum und Zitronensaft in ein Longdrinkglas oder einen Tumbler (Becherglas) geben und verrühren, bis er sich gelöst hat. Minzeblätter darin etwas zerdrücken. Eiswürfel oder grob zerstoßenes Eis hinzufügen und verrühren.

2 Das Glas mit Sodawasser auffüllen und den Drink mit Minzeblättern garnieren.

Scorpion Lady

- **4 cl weißer Rum (z. B. Bacardi Light-Dry)**
- **2 cl Cognac (z. B. Cognac Otard)**
- **1–2 cl Amaretto**
- **3 cl Zitronensaft**
- **4 cl Orangensaft**
- **1 Tasse Crushed Ice**
- **einige Eiswürfel**

- **etwas Zitronenmelisse**

1 Alle Drinkzutaten mit einer Tasse Crushed Ice in einen Elektromixer geben und gut durchmixen.

2 Anschließend den Drink durch ein Barsieb in ein zur Hälfte mit Eiswürfeln gefülltes Longdrinkglas abseihen und mit Zitronenmelisse garnieren.

Sombrero Cooler

- **4 cl Rum (z. B. Bacardi Gold)**
- **einige Eiswürfel**
- **6 cl Ananassaft**
- **6 cl Grapefruitsaft**

- **½ Zitronenscheibe**
- **½ Orangenscheibe**

1 Rum in ein zur Hälfte mit Eiswürfeln gefülltes Longdrinkglas geben, Ananassaft und Grapefruitsaft dazugeben und umrühren.

2 Den Drink mit je einer halben Zitronen- und Orangenscheibe garnieren und mit einem Trinkhalm servieren.

Menthe Frappé

Foto links

- **grob zerstoßenes Eis**
- **5 cl Crème de Menthe grün**

1 Einen Sektkelch zur Hälfte mit zerstoßenem Eis füllen und Crème de Menthe darüber gießen.

2 Den Drink mit einem Trinkhalm servieren.

Tipp:
Klassisch wird der Menthe Frappé in einem Tumbler (Becherglas) serviert.

Orange Frappé

Foto rechts

- **Saft von 1 Orange**
- **2 Spritzer Portwein**
- **2 Spritzer weißer Rum**
- **1 Spritzer Weinbrand**
- **grob zerstoßenes Eis**
- **Sodawasser**
- **1 Orangenscheibe (unbehandelt)**

1 Orangensaft mit Portwein, Rum, Weinbrand und einigen Eiswürfeln in einen Shaker geben und gut schütteln.

2 Eine Cocktailschale zur Hälfte mit zerstoßenem Eis füllen. Den Drink durch ein Barsieb darüber abseihen.

3 Das Glas mit Sodawasser auffüllen, mit einem Stück Orangenscheibe garnieren und mit Trinkhalmen servieren.

Caipirinha

- **1 Limette (unbehandelt)**
- **2–3 TL brauner Zucker (Rohrzucker)**
- **grob zerstoßenes Eis oder Crushed Ice**
- **5 cl Cachaça**

1 Die Limette mit heißem Wasser abwaschen und abtrocknen. Limette achteln, in einen Tumbler (Becherglas) geben, mit dem Zucker bestreuen und alles mit einem Holzstößel gut zerdrücken.

2 Das Glas mit dem Eis auffüllen und Cachaça dazugießen. Den Drink umrühren und mit 1–2 kurzen Trinkhalmen servieren.

Tipp:
Cachaça ist ein brasilianischer Zuckerrohrschnaps, der nicht wie Rum aus Melasse, sondern aus frischem Zuckerrohr hergestellt wird.
Köstlich schmeckt auch **Cachaça-Cola**. Dazu 4 cl Cachaça in ein zur Hälfte mit Eiswürfeln gefülltes Longdrinkglas geben, mit kalter Cola auffüllen und nach Belieben einen Spritzer Limettensaft dazugeben.

Latin Lover

Foto

- **2 cl Tequila (z. B. Sauza Tequila Blanco)**
- **2 cl Cachaça**
- **2 cl Lime Juice**
- **1–2 cl Zitronensaft**
- **6 cl Ananassaft**
- **grob zerstoßenes Eis**
- **nach Belieben ein Ananasstück**
- **1 Cocktailkirsche**
- **etwas Zitronenschale**

1 Die Drinkzutaten mit einigen Eiswürfeln in einen Shaker geben und gut schütteln.

2 Anschließend den Drink durch ein Barsieb in ein zur Hälfte mit grob zerstoßenem Eis gefülltes Longdrinkglas abseihen.

3 Den Drink nach Belieben mit einem Stück Ananas, einer Cocktailkirsche und etwas Zitronenschale garnieren und mit Trinkhalmen servieren.

Mexican Snowball

- **3 cl Tequila (z. B. Sauza Tequila Blanco)**
- **2 cl Kaffeelikör (z. B. Kahlúa)**
- **1 cl Sahne**
- **1 cl Cream of Coconut**
- **Raspelschokolade**
- **1 Physalis (Kapstachelbeere)**

1 Die Drinkzutaten mit einigen Eiswürfeln in einen Shaker geben und gut schütteln.

2 Anschließend den Drink durch ein Barsieb in ein gut gekühltes Cocktailglas abseihen, mit etwas Raspelschokolade bestreuen und mit einer Physalis garnieren.

Mexican Colada

- **4 cl Tequila (z. B. Sauza Tequila Blanco)**
- **2 cl Kaffeelikör (z. B. Kahlúa)**
- **2 cl Sahne**
- **2 cl Cream of Coconut**
- **8 cl Ananassaft**
- **grob zerstoßenes Eis**
- **Raspelschokolade**
- **1 Ananasstück**

1 Die Drinkzutaten mit einigen Eiswürfeln in einen Shaker geben und gut schütteln.

2 Anschließend den Drink durch ein Barsieb in ein zur Hälfte mit grob zerstoßenem Eis gefülltes Fancyglas abseihen.

3 Den Drink mit etwas Raspelschokolade und einem Stück Ananas garnieren und mit einem Trinkhalm servieren.

Batida Sunrise

Foto links

- **einige Eiswürfel**
- **4 cl Kokoslikör (z. B. Batida de Côco)**
- **12 cl Ananassaft**
- **2 cl Kirschlikör**

1 Ein Longdrinkglas zur Hälfte mit Eiswürfeln füllen. Batida de Côco und Ananassaft dazugießen und mit einem Barlöffel gut umrühren.

2 Den Kirschlikör langsam über den fertigen Drink gießen und durchsickern lassen.

■ **Tipp:**
Batida de Côco ist ein Kokoslikör auf der Basis von Cachaça.

Night in Blue

Foto Mitte

- **4 cl Kokoslikör (z. B. Batida de Côco)**
- **2 cl Blue Curaçao**
- **12 cl Ananassaft**
- **einige Eiswürfel**

1 Liköre und Saft in ein zur Hälfte mit Eiswürfeln gefülltes Longdrinkglas gießen und gut umrühren.

2 Den Drink mit zwei Trinkhalmen servieren.

Batida Cherie

Foto rechts

- **einige Eiswürfel**
- **4 cl Kokoslikör (z. B. Batida de Côco)**
- **6 cl Sauerkirschnektar**
- **10 cl kalter Sekt (z. B. Söhnlein Brillant)**

1 Ein Kelchglas oder Fancyglas zur Hälfte mit Eiswürfeln füllen. Batida de Côco und Sauerkirschnektar darüber gießen.

2 Den Sekt dazugeben, den Drink leicht umrühren und servieren.

■ **Tipp:**
Der Drink schmeckt auch ohne Sekt in einem Longdrinkglas. So ist er unter dem Namen **Batida-Kirsch** bekannt.

Sunny Dream

Foto links

- **4 cl Cointreau**
- **2 cl Apricot Brandy**
- **6 cl Orangensaft**
- **6 cl Ananassaft**
- **2 cl Sahne**
- **1 Kugel Vanilleeis**
- **1 cl Zitronensaft**
- **einige Eiswürfel**

- **1 Orangenscheibe**
- **1 Cocktailkirsche**

1 Die Drinkzutaten in einen Elektromixer geben, gut durchmixen und in ein zur Hälfte mit Eiswürfeln gefülltes Longdrinkglas abgießen.

2 Den Drink mit einer Orangenscheibe und einer Cocktailkirsche garnieren und servieren.

Caipi-Cointreau

Foto rechts

- **1 Limette (unbehandelt)**
- **3 TL Zucker**
- **grob zerstoßenes Eis**
- **6 cl Cointreau**

1 Die Limette heiß abwaschen und abtrocknen. Limette achteln, in einen Tumbler (Becherglas) geben, mit dem Zucker bestreuen und alles mit einem Holzstößel gut zerdrücken.

2 Das Glas mit grob zerstoßenem Eis auffüllen und den Cointreau dazugießen. Alles gut verrühren und mit einem kurzen Trinkhalm servieren.

■ Tipp:
Nach Belieben können die Limettenachtel vor dem Servieren aus dem Glas entfernt werden, nach klassischer Art bleiben sie jedoch im Glas.

Kamikaze

- **1 cl Zitronensaft**
- **2 cl Limettensaft**
- **1 cl Cointreau oder Triple Sec Curaçao**
- **4 cl Wodka**
- **1 Limettenscheibe (unbehandelt)**

1 Die Zutaten mit einigen Eiswürfeln in einen Shaker geben und gut schütteln.

2 Anschließend den Drink durch ein Barsieb in ein gut gekühltes Cocktailglas abseihen und eine Limettenscheibe mit in den Drink geben.

Southern Wheeler

Foto

- **4 cl Southern Comfort (Whiskeylikör)**
- **2 cl Bourbon Whiskey (z. B. Jack Daniel´s Tennessee Whiskey)**
- **1 cl Mandellikör**
- **4 cl Orangensaft**
- **2 cl Zitronensaft**
- **grob zerstoßenes Eis**
- **Champagner oder trockener Sekt**

- **1 Fruchtspieß**

1 Die Zutaten ohne Champagner oder Sekt mit einigen Eiswürfeln in einen Shaker geben und gut schütteln.

2 Anschließend den Drink durch ein Barsieb in ein zur Hälfte mit grob zerstoßenem Eis gefülltes Stielglas abseihen und das Glas mit Champagner oder Sekt auffüllen.

3 Den Drink mit einem Fruchtspieß garnieren und mit einem Trinkhalm servieren.

Planter's Punch

- **2 cl Zitronen- oder Limettensaft**
- **8 cl Orangensaft**
- **1 cl Grenadinesirup**
- **4 cl brauner Rum**
- **2 cl weißer Rum**
- **einige Eiswürfel**
- **1 Orangenscheibe**
- **1 Cocktailkirsche**

1 Säfte mit Sirup, Rum und einigen Eiswürfeln in einen Shaker geben, gut schütteln und durch ein Barsieb in ein zur Hälfte mit Eiswürfeln gefülltes Longdrinkglas abseihen.

2 Den Drink mit Orangenscheibe und Cocktailkirsche garnieren und mit Trinkhalmen servieren.

Sex on the Beach

- **3 cl Wodka**
- **3 cl Peach Brandy**
- **4 cl Grenadinesirup**
- **6 cl Ananassaft**

- **einige Eiswürfel**
- **1 Cocktailkirsche**

1 Die Zutaten mit einigen Eiswürfeln in einen Shaker geben und gut schütteln.

2 Anschließend den Drink durch ein Barsieb in ein zur Hälfte mit Eiswürfeln gefülltes Longdrinkglas abseihen und mit einer Cocktailkirsche garnieren.

Tipp:

Den Drink gibt es in vielen Variationen. Es können auch noch 2 cl brauner Rum und 4 cl Orangensaft zugefügt werden.

Wodka Tonic

Foto links

- **4 cl Wodka (z. B. Wodka Gorbatschow)**
- **einige Eiswürfel**
- **kaltes Tonic Water**
- **1 unbehandelte Limettenspalte**

1 Wodka in ein mit Eiswürfeln gefülltes Longdrinkglas geben und mit Tonic Water auffüllen. Eine Limettenspalte dazugeben.

Swimming Pool

Foto Mitte

- **3 cl Wodka (z. B. Wodka Gorbatschow)**
- **4 cl Kokoslikör (z. B. Batida de Côco)**
- **1 cl Blue Curaçao**
- **2 cl Sahne**
- **10 cl Ananassaft**
- **einige Eiswürfel**
- **1 Ananasstück**

1 Wodka mit Likören, Sahne, Saft und einigen Eiswürfeln in einen Shaker geben und gut schütteln.

2 Anschließend den Drink durch ein Barsieb in ein zur Hälfte mit Eiswürfeln gefülltes Fancy- oder Longdrinkglas abseihen und mit einem Ananasstück garnieren und einem Trinkhalm servieren.

Tipp:
Lassen Sie beim Shaken den Blue Curaçao weg und gießen Sie ihn erst auf den fertigen Drink, so dass er sich langsam mit dem Drink vermischt.

White Russian

Foto rechts

- **4 cl Wodka (z. B. Wodka Gorbatschow)**
- **2 cl Kaffeelikör (z. B. Kahlúa)**
- **etwas leicht geschlagene Sahne**

1 Wodka und Kaffeelikör mit einigen Eiswürfeln in ein Rührglas geben, gut verrühren und durch ein Barsieb in ein kleines, gekühltes Stielglas abseihen.

2 Die Sahne vorsichtig auf den Drink geben. Die Sahne während des Trinkens langsam in den Drink sickern lassen oder leicht verrühren.

Tipp:
Der White Russian schmeckt anstelle der Sahne auch mit frischer Milch. Für einen **Black Russian** einfach die Sahne weglassen.

Baileys Colada

Foto links

- **2 cl Weinbrand**
- **2 cl weißer Rum**
- **4 cl Baileys**
- **1 cl Crème de Cacao**
- **3 cl Mandelsirup**
- **2 cl Sahne**
- **12 cl kalter Ananassaft**
- **etwas Crushed Ice**
- **1 Scheibe Ananas**
- **1 Cocktailkirsche**
- **etwas Raspelschokolade**

1 Die Drinkzutaten mit Eiswürfeln in einem Shaker gut schütteln und anschließend durch ein Barsieb in ein zur Hälfte mit Crushed Ice gefülltes Fancyglas abseihen.

2 Die Ananasscheibe und die Cocktailkirsche auf einen Holzspieß spießen und über den Glasrand legen. Den Drink zusätzlich mit etwas Raspelschokolade garnieren und servieren.

Tipp:
Baileys ist ein Creamlikör auf der Basis von Sahne, irischem Whiskey und Aromen.

B 52

Foto rechts

- **2 cl Kaffeelikör (z. B. Kahlúa)**
- **2 cl Baileys**
- **1 cl hochprozentiger Rum (70 % vol)**

1 Zuerst Kaffeelikör, dann Baileys, anschließend Rum ganz vorsichtig schichtweise über einen Teelöffel in ein Shotglas (Shortdrinkglas) gießen.

2 Den Rum anzünden, kurz brennen lassen, auspusten oder mit einem Bierdeckel löschen und mit einem Trinkhalm von unten in einem Zug austrinken.

Coconut Frappé

- **3 cl Baileys**
- **1 cl Kokoslikör (z. B. Malibu)**
- **15 cl kalte Milch**

1 Baileys mit Kokoslikör, Milch und einigen Eiswürfeln in einen Shaker geben und gut schütteln.

2 Anschließend den Drink durch ein Barsieb in ein hohes Longdrinkglas abseihen und mit einem Trinkhalm servieren.

Tipp:
Den Glasrand vorher anfeuchten und in Kokosraspeln drehen.
Malibu ist ein Kokoslikör auf der Basis von weißem Rum.

It is Yellow

Foto links

- einige Eiswürfel
- 2 cl Crème de Bananes (z. B. Bols)
- 2 cl Gin (z. B. Silver Top Dry Gin)
- 14 cl kaltes Tonic Water
- 1 Ananasstück
- 1 Physalis (Kapstachelbeere)

1 Ein Longdrinkglas zur Hälfte mit Eiswürfeln füllen und Crème de Bananes und Gin darüber gießen.

2 Tonic Water dazugießen und leicht umrühren. Den Drink mit einem Stück Ananas und einer Physalis garnieren und mit Trinkhalmen garnieren.

Kama Kura

Foto rechts

- Ananassaft
- Zucker

- 4 cl Crème de Bananes
- 3 cl Ananassaft
- 1 cl Zitronensaft

- 1 Cocktailkirsche

1 Den Rand einer gut gekühlten Cocktailschale zuerst in Ananassaft, dann in Zucker drehen, so dass ein Zuckerrand entsteht.

2 Crème de Bananes, Ananas- und Zitronensaft mit einigen Eiswürfeln in einen Shaker geben und gut schütteln.

3 Anschließend den Drink durch ein Barsieb in die vorbereitete Cocktailschale abseihen und die Cocktailkirsche hineingeben.

Summer Fun

- 3 cl Metaxa 5* Classic
- 3 cl Crème de Bananes
- 8 cl kalter Orangensaft
- 8 cl kalter Ananassaft
- einige Eiswürfel
- 1 Fruchtspieß aus 1 Bananenscheibe, 1 Ananasstück und 1 Cocktailkirsche

1 Metaxa mit Crème de Bananes, Säften und einigen Eiswürfeln in einen Shaker geben und gut schütteln.

2 Anschließend den Drink durch ein Barsieb in ein zur Hälfte mit Eiswürfeln gefülltes Longdrinkglas abseihen und mit einem Fruchtspieß garnieren.

BOLS
INSIDE
BOLS ROYAL DISTILLERIES
BOLS
LIQUEUR
CREME DE BANANES
liqueur
PRODUCE OF HOLLAND

Honeymoon

Foto

- **4 cl Gin (z. B. Gordon's London Dry Gin)**
- **2 cl Apricot Brandy**
- **1 Barlöffel Zitronensaft**
- **1 Barlöffel Grenadinesirup**

- **1 Cocktailkirsche**

1 Die Drinkzutaten mit einigen Eiswürfeln in einen Shaker geben und gut schütteln.

2 Anschließend den Drink durch ein Barsieb in ein gut gekühltes Cocktailglas abseihen und die Cocktailkirsche hineingeben.

■ Tipp:
Der Honeymoon ist eher ein herber Drink. Milder, aber auch roter wird er, wenn man die Menge Grenadinesirup verdoppelt.

Singapore Sling

- **einige Eiswürfel**
- **4 cl Gin**
- **2 cl Kirschlikör oder Cherry Brandy**
- **3 cl Zitronensaft**
- **1 TL Puderzucker**
- **kaltes Sodawasser**

- **etwas Zitronenmelisse**

1 Ein Longdrinkglas zur Hälfte mit Eiswürfeln füllen. Gin, Likör oder Cherry Brandy, Zitronensaft und Puderzucker dazugeben und alles gut verrühren.

2 Den Drink mit Sodawasser auffüllen und mit etwas Zitronenmelisse garnieren.

■ Tipp:
Anstelle von Puderzucker kann auch 1 cl Zuckersirup verwendet werden.

Paradise

- **4 cl Gin**
- **2 cl Apricot Brandy**
- **4 cl Orangensaft**

- **1/2 Zitronenscheibe**

1 Gin mit Apricot Brandy, Saft und einigen Eiswürfeln in einen Shaker geben und gut schütteln.

2 Anschließend den Drink durch ein Barsieb in ein gut gekühltes Cocktailglas abseihen und mit einer halben Zitronenscheibe garnieren.

Death in the afternoon

Foto links

- **4 cl Absinth**
- **2 Eiswürfel**
- **kalter Champagner**

1 Absinth in eine Champagnerschale geben, Eiswürfel dazugeben und das Glas mit Champagner auffüllen.

Tipp:
Der Drink schmeckt auch mit trockenem Sekt.
Absinth ist ein sagenumwobener Wermut, der bis 1998 verboten war. Er hat einen hohen Alkoholgehalt von 55–73 % vol.

Absinth-Ritual

Foto rechts

- **2 cl Absinth**
- **1 Stück Würfelzucker**
- **2–3 cl eiskaltes Wasser**

1 Absinth in ein kleines Stielglas geben. Einen Teelöffel mit einem Stück Würfelzucker darauf in den Absinth halten, so dass sich das Zuckerstück vollsaugen kann.

2 Löffel mit vollgesaugtem Zuckerstück auf den Glasrand legen und anzünden. Den Zucker brennen lassen, bis er karamellisiert (bräunt) und Blasen schlägt.

3 Anschließend den Löffel in den Absinth tauchen und durch Rühren die Flamme löschen. Sofort das Wasser zugießen und leicht verrühren.

Tipp:
Besser als ein Teelöffel eignet sich ein Absinth-Löffel, den es in Fachgeschäften gibt.

Sazerac

- **2 cl Absinth**
- **6 cl Whisky**
- **1 TL Zucker**
- **3 Tropfen Angostura Bitter**

1 Absinth in ein gekühltes Longdrink- oder Cocktailglas geben und so schwenken, dass die gesamte Glasinnenfläche benetzt ist.

2 Whisky, Zucker und Angostura mit einigen Eiswürfeln in einen Shaker geben und gut schütteln.

3 Die Mischung durch ein Barsieb in das Glas mit dem Absinth abseihen und den Drink servieren.

Peach Velvet

Foto rechts

- **3 cl Pfirsichlikör**
- **1 cl Grenadinesirup**
- **3 cl Orangensaft**
- **kalter Sekt (z. B. Söhnlein Brillant)**
- **1 Karambolescheibe (Sternfrucht)**

1 Likör mit Sirup, Saft und einigen Eiswürfeln in einen Shaker geben und gut schütteln.

2 Anschließend den Drink durch ein Barsieb in einen großen Sektkelch abseihen. Das Glas mit Sekt auffüllen und den Drink mit einem Karambolestern garnieren.

Southern Trip

Foto Mitte

- **4 cl Southern Comfort (Whiskeylikör)**
- **4 cl Orangensaft**
- **einige Eiswürfel**
- **kalter Sekt (z. B. Söhnlein Brillant)**
- **1 halbe Orangenscheibe (unbehandelt)**

1 Southern Comfort und Orangensaft in ein zur Hälfte mit Eiswürfeln gefülltes Longdrinkglas geben und mit Sekt auffüllen.

2 Eine halbe Orangenscheibe mit in das Glas geben und den Drink mit zwei Trinkhalmen servieren.

Erdbeerbowle

Foto links
für 8–10 Personen

- **500 g Erdbeeren**
- **1 Zitrone (unbehandelt)**
- **2–3 EL Zucker**
- **1 Flasche (0,75 l) kalter, trockener Weißwein**
- **2 Flaschen kalter Sekt (z. B. Söhnlein Brillant)**

1 Erdbeeren waschen, putzen, trockentupfen und halbieren oder vierteln. Zitrone heiß abwaschen, abtrocknen und die Schale in Zesten oder Streifen abschälen. Erdbeeren und Zitronenschale in ein großes Bowlengefäß (3–4 l Inhalt) geben und Zucker darüber streuen.

2 Die Hälfte des Weins darüber gießen und den Bowleansatz etwa 1 Stunde kalt stellen und durchziehen lassen.

3 Anschließend den restlichen Wein und den Sekt dazugießen, die Bowle leicht umrühren, in Bowlegläser füllen und mit Löffeln servieren.

Sangria-Bowle

Foto
für etwa 12 Personen

- **5 Nektarinen**
- **3 Orangen**
- **3–4 kleine Birnen**
- **500 ml (1/2 l) weißer Rum**
- **2 Flaschen (je 0,7 l) trockener Rotwein**
- **2 l klare Zitronenlimonade**
- **500 ml (1/2 l) Orangensaft oder roter Traubensaft**
- **3 Zimtstangen**

1 Nektarinen kreuzweise leicht einschneiden, kurz in kochendes Wasser legen, in kaltem Wasser abschrecken, enthäuten, halbieren, entsteinen und fein würfeln.

2 Orangen schälen, in Spalten teilen und klein schneiden oder Orangen so schälen, dass die weiße Haut mit entfernt wird und Orangen filetieren. Birnen waschen, abtrocknen, vierteln, entkernen und in Scheiben schneiden.

3 Die Früchte mit dem weißen Rum in ein großes Bowlengefäß geben. Rotwein, Zitronenlimonade, Orangen- oder Traubensaft und die Zimtstangen dazugeben und die Bowle mindestens 2 Stunden kalt stellen. Vor dem Servieren die Zimtstangen herausnehmen.

Tipp:
1–2 unbehandelte Orangen in Scheiben, dann in Viertel oder Achtel schneiden und diese zum Servieren auf der Bowle schwimmen lassen.

Caipirinha-Bowle

für 10–12 Personen

- **9–10 Limetten (unbehandelt)**
- **250 g brauner Zucker (Rohrzucker)**
- **250 ml (1/4 l) Cachaça**
- **1 kleine Galia-Melone**
- **2 Flaschen (je 0,7 l) kaltes Mineralwasser**
- **2 Flaschen (je 0,75 l) kalter trockener Sekt**
- **einige Eiswürfel**

1 7–8 Limetten heiß abwaschen, abtrocknen, achteln, in ein Bowlengefäß geben und mit Zucker vermischen. Mit einem Holzstößel die Limetten zerdrücken, so dass der Saft austritt. Cachaça dazugießen und das Gefäß kalt stellen.

2 Melone halbieren, Kerne mit einem Löffel herausnehmen und das Fruchtfleisch mit einem Kugelausstecher abstechen. Melonenkugeln mit zu den Limettenvierteln geben und die Mischung etwa 2 Stunden zugedeckt kalt stellen.

3 Kurz vor dem Servieren die letzten beiden Limetten so schälen, dass die weiße Haut mit entfernt wird. Die Limetten längs in Viertel, dann in Scheiben schneiden. Limettenscheibenviertel, Mineralwasser, Sekt und einige Eiswürfel zur Mischung geben. Die Bowle zum Servieren in Gläser gießen und mit Löffeln und Trinkhalmen servieren.

Tipp:
Anstelle von Limettenscheibenvierteln die beiden letzten Limetten zu Beginn auspressen und den Saft mit 150 ml Mineralwasser vermischen. Die Mischung in Eiswürfelbehälter füllen und zum Servieren anstelle der Wasser-Eiswürfel in die Bowle geben.

Kiwi-Ananas-Bowle

Foto
für etwa 8 Personen

- **6 feste Kiwis**
- **1 frische Ananas**
- **500 ml (1/2 l) kalter Ananassaft**
- **500 ml (1/2 l) kalter Orangensaft**
- **250 ml (1/4 l) kalter Zitronensaft**
- **2 Flaschen (je 0,7 l) kalter, trockener Sekt**

1 Kiwis schälen, vierteln und in Scheiben schneiden. Von der Ananas den Strunk abschneiden, Frucht schälen, der Länge nach vierteln, den inneren Strunk herausschneiden und das Fruchtfleisch in kleine Stücke schneiden.

2 Alle Früchte mit den Säften in ein großes Bowlengefäß (etwa 4 l Inhalt) geben, zugedeckt kalt stellen und vor dem Servieren mit kaltem Sekt auffüllen. Die Bowle in Gläsern mit Löffeln servieren.

Tipp:
Die Bowle schmeckt auch alkoholfrei sehr gut, dazu einfach den Sekt durch alkoholfreien Sekt, Ginger Ale oder Zitronenlimonade ersetzen.

Melonenbowle

für 8–10 Personen

- **2 Honigmelonen**
- **150 g Zucker**
- **250 ml (1/4 l) Sherry**
- **1,5 l kalter Weißwein**
- **1 Bund Zitronenmelisse**
- **2 Flaschen (je 0,7 l) kalter, trockener Sekt**

1 Honigmelonen halbieren, die Kerne entfernen und das Fruchtfleisch mit einem Kugelausstecher als Kugeln abstechen oder in kleine Würfel schneiden und in ein großes Bowlengefäß geben.

2 Zucker, Sherry und Weißwein zu den Melonen geben und die Mischung etwa 30 Minuten zugedeckt kalt stellen.

3 Zitronenmelisse abspülen, abtropfen lassen, klein schneiden, zu dem Bowleansatz geben und verrühren.

4 Kurz vor dem Servieren den Sekt dazugießen, die Bowle in Gläsern servieren und Löffel dazureichen.

Tipp:
Für eine weniger starke Variante der Melonenbowle den Wein durch Mineralwasser oder Apfelsaft ersetzen.

Pretty in Pink

Foto rechts

- **2–3 EL verlesene Himbeeren**
- **1 leicht geh. TL Traubenzucker oder Zucker**
- **4 cl Himbeersirup**
- **150 ml eiskalte Milch**

- **einige Eiswürfel**

1 Himbeeren mit Traubenzucker oder Zucker, Sirup und Milch in einen Elektromixer geben und gut durchmixen.

2 Den Shake in ein zur Hälfte mit Eiswürfeln gefülltes Fancyglas oder Longdrinkglas füllen und mit einem Trinkhalm servieren.

Tipp:
Für eine alkoholische Variante den Shake statt mit Himbeersirup mit Cassis-Likör zubereiten.
Anstelle der Eiswürfel kann auch eine Kugel Himbeereis oder Vanilleeis in das Glas gegeben werden.

Deep Red

Foto links

- **1–2 EL Grenadinesirup**
- **1 Spritzer Zitronen- oder Limettensaft**
- **200 ml kaltes Ginger Ale**
- **einige Eiswürfel**
- **1–2 kleine Honigmelonenspalten**
- **1–2 Cocktailkirschen**

1 Grenadine mit Saft und der Hälfte des Ginger Ales in einem Rührglas verrühren. Ein großes Longdrinkglas mit Eiswürfeln füllen und die Mischung darüber gießen.

2 Restliches Ginger Ale dazugießen, leicht umrühren und den Drink mit Honigmelonenspalten und Cocktailkirschen garnieren.

Tipp:
Anstelle von Ginger Ale kann Mineralwasser verwendet werden, dann gut 2 Esslöffel Grenadinesirup und 2 Spritzer Zitronen- oder Limettensaft verwenden.

Citrusman

- **10 cl kalter Orangensaft**
- **2 cl Zitronensaft**
- **4 cl Kokossirup**

- **grob zerstoßenes Eis**
- **1 Orangenscheibe**

1 Orangensaft mit Zitronensaft und Kokossirup mit einigen Eiswürfeln in einen Shaker geben und gut schütteln.

2 Anschließend den Drink durch ein Barsieb in ein zur Hälfte mit grob zerstoßenem Eis gefülltes Longdrinkglas abseihen und mit einer Orangenscheibe garnieren.

Smaragd-Mix

Foto
für 2 Personen

- **2 Kiwis**
- **3 EL Waldmeistersirup**
- **Saft von 1 Limette**
- **2 EL Puderzucker**
- **125 ml (1/8 l) kaltes Tonic Water**

1 Von einer Kiwi 2 Scheiben zum Garnieren abschneiden. Den Rest der Kiwis schälen und pürieren. Waldmeistersirup, Limettensaft und Puderzucker zugeben und verrühren.

2 Die Mischung auf 2 Longdrinkgläser verteilen, mit Tonic Water aufgießen und kurz verrühren. Die Glasränder mit Kiwischeiben garnieren.

Tipp:
Anstelle von Puderzucker können 2 Teelöffel Zuckersirup verwendet werden.

Zitronenfalter

für 6 Personen

- **3–4 Zitronen**
- **1 l kalte Zitronenlimonade**
- **60–80 g Zucker**
- **6 Zitronenscheiben (unbehandelt)**

1 Zitronen auspressen und den Saft mit Zitronenlimonade und Zucker verrühren. Den Drink kalt stellen.

2 Den Drink in Gläser füllen, jeweils mit einer Zitronenscheibe garnieren und mit je einem Trinkhalm servieren.

Samba-Rausch

für 4 Personen

- **4 EL Cream of Coconut**
- **2 EL Akazienhonig**
- **125 ml (1/8 l) Sahne**
- **375 ml (3/8 l) kalter Sauerkirschnektar**
- **125 ml (1/8 l) kaltes Tonic Water**

1 Cream of Coconut mit Akazienhonig, Sahne und Sauerkirschnektar gut verrühren und etwa 1 Stunde kalt stellen.

2 Kurz vor dem Servieren Tonic Water unterrühren und den Drink in einer Glaskaraffe servieren.

Tipp:
Bestreuen Sie den Drink zum Servieren mit Koksraspeln.

Sommernachtstraum

Foto

- **10 cl kalter Sauerkirschsaft**
- **10 cl kalter Apfelsaft**
- **1 Prise gemahlener Ingwer**
- **einige Eiswürfel**

- **nach Belieben etwas gemahlener Ingwer**

1 Die Zutaten mit Eiswürfeln in einem Shaker gut schütteln und durch ein Barsieb in einen mit Eiswürfeln gefüllten Tumbler (Becherglas) abgießen.

2 Nach Belieben den Drink mit etwas Ingwer bestreuen und mit einem kurzen Strohhalm servieren.

Tipp:
Ersetzen Sie den Sauerkirschsaft durch Himbeersaft.

Davis Cup

- **6 cl Orangensaft**
- **2 cl Zitronensaft**
- **1 cl Grenadinesirup**
- **1 cl Lime Juice**
- **einige Eiswürfel**
- **kaltes Bitter Lemon**
- **½ Orangenscheibe**
- **1 frische Kirsche**

1 Orangensaft, Zitronensaft, Grenadinesirup und Lime Juice in ein zur Hälfte mit Eiswürfeln gefülltes Longdrinkglas geben, verrühren und mit Bitter Lemon auffüllen.

2 Die halbe Orangenscheibe und die Kirsche auf einen Spieß stecken und den Spieß auf den Glasrand legen. Den Drink mit einem Strohhalm servieren.

Red Dream

- **1 Barlöffel Grenadinesirup**
- **50 ml Holunderbeersaft**
- **50 ml Orangensaft**
- **einige Eiswürfel**
- **kalte Cola**

1 Genadinesirup mit Holunderbeer- und Orangensaft verrühren und in ein zur Hälfte mit Eiswürfeln gefülltes Longdrinkglas geben.

2 Das Glas mit Cola auffüllen und den Drink mit einem Strohhalm servieren.

Mandel-Mango-Smoothie

Foto rechts
für 4 Personen

- **3 Bananen**
- **1 große Mango (etwa 350 g)**
- **500 ml (1/2 l) kalter Orangensaft**
- **40 g abgezogene, gehobelte Mandeln**
- **1–2 EL Agavendicksaft (Reformhaus) oder Honig**

1 Bananen schälen und in etwa 1 cm dicke Scheiben schneiden. Bananenscheiben einfrieren. Mango schälen und das Fruchtfleisch vom Stein schneiden. Fruchtfleisch würfeln (evtl. 4 kleine Spalten zum Garnieren abschneiden und beiseite legen) und ebenfalls einfrieren.

2 Mandeln in einer Pfanne ohne Fett hellbraun rösten und auf einem Teller erkalten lassen (evtl. einige Mandeln zum Garnieren beiseite legen).

3 Alle Zutaten mit Agavendicksaft oder Honig in einen Elektromixer geben und gut durchmixen. Smoothie in 4 Longdrinkgläser verteilen und die Drinks nach Belieben mit einer Mangospalte oder Mandeln garnieren.

Avocado-Möhren-Drink

Foto links
für 4 Personen

- **40 g abgezogene, gehobelte Mandeln**
- **etwas Currypulver**
- **1/2 Limette**
- **1 große reife Avocado**
- **600 ml kalter Möhrensaft**
- **1 Prise Salz**

- **etwas Minze**

1 Mandeln mit Curry bestäuben, in einer Pfanne ohne Fett hellbraun rösten und auf einem Teller erkalten lassen. Limettenhälfte auspressen. Avocado halbieren, den Stein entfernen und das Fruchtfleisch mit einem Löffel herausheben.

2 Mandeln, Limettensaft und Avocadofruchtfleisch in einen Elektromixer geben und gut durchmixen. Möhrensaft und Salz hinzufügen und nochmals kurz durchmixen. Den Drink auf 4 gut gekühlte Longdrinkgläser verteilen und mit Minze garnieren.

Heidelbeer-Molke-Shake

Foto
für 2 Personen

- **400 g Heidelbeeren (frisch oder TK)**
- **2 EL Zuckerrübensirup**
- **500 ml (1/2 l) Molke**
- **100 g Schmand**
- **etwas gemahlener Zimt**

- **etwas Zitronenmelisse**

1 Heidelbeeren verlesen, waschen und abtropfen lassen, bzw. auftauen lassen (einige zum Garnieren zurücklegen). Beeren mit Sirup und Molke in einen Elektromixer geben und schaumig schlagen.

2 Schmand und etwas Zimt dazugeben und kurz untermixen. Dann den Shake in große Fancy- oder Longdrinkgläser füllen und mit einem Spieß aus Heidelbeeren und mit Zitronenmelisse garnieren.

Tipp:
Je nach Süße der Beeren und je nach Molke (Süß- oder Sauermolke) kann die Sirupmenge noch etwas erhöht oder reduziert werden.
Anstelle von Heidelbeeren schmecken auch Himbeeren oder Erdbeeren.

Pfirsich-Minz-Molke

für 2 Personen

- **4 Pfirsiche**
- **1/2 Zitrone**
- **1/2 Bund Minze**
- **3 geh. EL (50 g) Molkepulver**
- **2 EL Honig**
- **1 Msp. gemahlener Kardamom**
- **500 ml (1/2 l) kaltes Wasser**

1 Pfirsiche waschen, halbieren und vom Stein lösen. Zitronenhälfte auspressen, Minze waschen, abtropfen lassen und Blätter von den Stängeln zupfen (einige Blätter zum Garnieren beiseite legen).

2 Von einer Pfirsichhälfte zwei dünne Spalten abschneiden und zum Garnieren beiseite legen, restliche Hälfte fein würfeln und mit etwas von dem Zitronensaft vermischen. Die anderen Pfirsichhälften mit restlichem Zitronensaft und Minzeblättern im Elektromixer fein pürieren. Molkepulver, Honig, Kardamom und Wasser hinzufügen und alles nochmals durchmixen.

3 Den Drink in 2 große gekühlte Fancy- oder Longdrinkgläser füllen und die fein gewürfelten Pfirsichstücke darauf streuen. Den Drink mit Pfirsichspalten und Minze garnieren und servieren.

Tipp:
Der Drink schmeckt milder, wenn die Pfirsiche vor Gebrauch kurz in kochendes Wasser gelegt, dann kalt abgeschreckt und abgezogen werden.
Je nach Geschmack und Reifegrad der Pfirsiche kann die Honigmenge variieren.
Anstelle von Molkepulver und Wasser können auch 500 ml (1/2 l) Molke verwendet werden.

Schoko-Joghurt-Shake

Foto
für 2 Personen

- **350 g Naturjoghurt**
- **4 Kugeln Schokoladeneis**
- **1 TL Instant-Kaffeepulver**
- **4 EL Schlagsahne**
- **etwas Zucker**
- **Raspelschokolade**

1 Den Joghurt mit Eis, Kaffeepulver und Sahne in einem Elektromixer kurz durchmixen und nach Belieben mit Zucker süßen.

2 Den Shake in 2 große Longdrinkgläser füllen, mit Raspelschokolade bestreuen und servieren.

Tipp:
Der Shake schmeckt auch mit Erdbeereis, dann Milchgetränkepulver Erdbeer-Geschmack anstelle von Kaffeepulver verwenden.

Erdbeerzauber

für 2 Personen

- **250 ml (1/4 l) kalte Milch**
- **2 EL Erdbeerkonfitüre**
- **2 Kugeln Vanilleeis**
- **250 ml (1/4 l) kalte Zitronenlimonade**
- **50 g frische Erdbeeren**

1 Milch mit Erdbeerkonfitüre und Eis in einen Elektromixer geben und gut durchmixen.

2 Den Shake in Longdrinkgläser gießen und mit Zitronenlimonade auffüllen.

3 Erdbeeren waschen, abtropfen lassen und Stängelansätze entfernen. Erdbeeren evtl. halbieren und in den Shake geben. Den Shake gut gekühlt mit Löffeln und Trinkhalmen servieren.

Pfefferminzmilch

für 5–6 Personen

- **1 l Wasser**
- **4 Beutel Pfefferminztee**
- **2–3 TL Akazienhonig**
- **500 ml (1/2 l) kalte Milch**

- **einige Minzeblätter**

1 Wasser zum Kochen bringen, die Teebeutel mit dem sprudelnd kochenden Wasser übergießen und 5–10 Minuten ziehen lassen.

2 Die Beutel herausnehmen, den Tee mit Honig verrühren und erkalten lassen.

3 Den kalten Tee mit der Milch verrühren, in Longdrinkgläser füllen und mit Minzeblättern garnieren.

Feigenbowle

Foto
für 4 Personen

- **1 Dose grüne Feigen (Abtropfgewicht 220 g)**
- **500 ml (1/2 l) kalter Eistee Zitronengeschmack**
- **Saft von 1 Orange**
- **2 EL Tannenhonig**
- **1 Msp. gemahlene Nelken**

1 Die Feigen auf ein Sieb geben, die Feigenflüssigkeit auffangen und mit Eistee und Orangensaft in einem Bowlengefäß verrühren.

2 Honig gut mit der Mischung verrühren, mit Nelken abschmecken und das Bowlengefäß etwa 1 Stunde kalt stellen.

3 Die Feigen vierteln, in die Bowle geben und die Bowle gut gekühlt servieren.

Mondscheinbowle

für 4–6 Personen

- **500 ml (1/2 l) kalte Cola**
- **200 ml kaltes Bitter Lemon**
- **Saft von 1/2 Zitrone**
- **50 ml Orangenlimonade**
- **1/4 Wassermelone**
- **5–6 Eiswürfel**

1 Cola mit Bitter Lemon, Zitronensaft und Orangenlimonade in einem Bowlengefäß mischen. Die Melone entkernen und mit einem Kugelausstecher das Fruchtfleisch in kleinen Kugeln abstechen.

2 Eiswürfel und Melonenkugeln in die Bowle geben, Bowle etwa 1 Stunde kalt stellen und servieren.

Tipp:
Sie können das Melonenfruchtfleisch auch in kleine Würfel schneiden.

Erdbeerbowle

für 6 Personen

- **250 g Erdbeeren**
- **500 ml (1/2 l) kalter Apfelsaft**
- **Saft von 1/2 Zitrone**
- **1 l kaltes Mineralwasser**

1 Erdbeeren waschen, abtropfen lassen, Stängelansätze entfernen und Erdbeeren halbieren oder vierteln.

2 Erdbeerstücke mit Apfel- und Zitronensaft in ein Bowlengefäß geben und zugedeckt etwa 1 Stunde kalt stellen.

3 Mineralwasser zur Mischung gießen und die Bowle gut gekühlt servieren.

Vanille-Kirsch-Drink

Foto

- **2 Kugeln Vanilleeis**
- **1 Msp. Vanillemark**
- **80 ml Buttermilch**
- **50 ml Kirschsaft**

- **einige Cocktailkirschen**
- **einige Minzeblättchen**

1 Vanilleeis mit Vanillemark, Buttermilch und Kirschsaft in einen Elektromixer geben, schaumig mixen und in ein gekühltes Longdrink- oder Fancyglas gießen.

2 Den Drink mit aufgespießten Cocktailkirschen und Minzeblättchen garnieren und mit einem Trinkhalm servieren.

Tipp:
Raffinierter sieht der Drink aus, wenn der Kirschsaft erst zum Schluss vorsichtig spiralförmig in das Glas gegossen wird. Ein Teil davon sinkt nach unten und oben entsteht ein Muster.

Murmel-Mix

für 4 Personen

- **500 ml (1/2 l) kalte Milch**
- **5 EL ungesüßter Sanddornsaft (Reformhaus)**
- **2 EL flüssiger Honig**
- **250 ml (1/4 l) kalte Zitronenlimonade**
- **etwa 200 g Wassermelone**

1 Milch mit Sanddornsaft und Honig mit dem Schneebesen gut verrühren. Zitronenlimonade dazugießen. Den Drink in Longdrinkgläser verteilen.

2 Melone entkernen und das Fruchtfleisch mit einem Kugelausstecher abstechen. Die Melonenkugeln in den Drink geben und darauf schwimmen lassen.

Ritter Blaubart

für 4–6 Personen

- **200 g vorbereitete Heidelbeeren**
- **3 EL Puderzucker**
- **700 ml kalte Milch**
- **150 ml Kefir**
- **10 Walnusskernhälften**
- **5 Kugeln Vanilleeis**
- **etwas Zitronenschale (unbehandelt)**

1 Heidelbeeren in einen Elektromixer geben und mit Puderzucker bestreuen. Milch, Kefir und Walnusskernhälften dazugeben und die Zutaten im Mixer pürieren.

2 Den Shake in große Longdrink- oder Fancygläser füllen und je eine Kugel Vanilleeis dazugeben. Mit einem Zestenreißer etwas Zitronenschale abschälen und damit den Shake garnieren.

Daylight

Foto
für 3–4 Personen

- **2 reife Pfirsiche**
- **250 ml (1/4 l) kalter Aprikosensaft**
- **250 ml (1/4 l) kalter Pfirsichsaft**
- **250 ml (1/4 l) kalter Grapefruitsaft**
- **einige Eiswürfel**

1 Die Pfirsiche kurz in kochendes Wasser legen, in kaltem Wasser abschrecken, enthäuten, halbieren, entsteinen und in feine Würfel schneiden.

2 Die Säfte gut vermischen. Pfirsichstücke und einige Eiswürfel auf 3–4 Gläser verteilen und die Saftmischung darüber geben.

Grüner Engel

für 2–3 Personen

- **2 feste Kiwis**
- **375 ml (3/8 l) kalter Maracujanektar**
- **125 ml (1/8 l) frisch gepresster Grapefruitsaft**

1 Kiwis schälen und in grobe Würfel schneiden. Kiwiwürfel mit Nektar und Saft in einen Elektromixer geben und gut durchmixen.

2 Den Drink etwa 1 Stunde kalt stellen, anschließend in eine Glaskaraffe umfüllen und servieren.

Arabische Nächte

für 4 Personen

- **8 Minzeblätter**
- **125 ml (1/8 l) Zitronensaft**
- **250 ml (1/4 l) heißes Wasser**
- **250 g Johannisbeergelee**
- **einige Eiswürfel**
- **375 ml (3/8 l) kalter Orangensaft**
- **1 Flasche (0,7 l) kaltes Ginger Ale**
- **einige Minzeblätter**
- **4 Orangenscheiben**

1 Die Minzeblätter in einer Schüssel zerdrücken. Zitronensaft, heißes Wasser und Johannisbeergelee hinzugeben und umrühren, bis sich das Gelee aufgelöst hat. Die Mischung erkalten lassen.

2 Mischung durch ein Sieb in eine Karaffe mit Eiswürfeln füllen und mit Orangensaft und Ginger Ale verrühren.

3 Das Getränk durch ein Sieb in gekühlte Stielgläser gießen. Die Glasränder mit Minzeblättern und Orangenscheiben garnieren.

Johannisbeer-Shake

Foto
für 4 Personen

- **250 g vorbereitete rote Johannisbeeren**
- **50 g Puderzucker**
- **2 große Kugeln Vanilleeis**
- **375 ml (3/8 l) kalte Milch**
- **4 rote Johannisbeerrispen**

1 Johannisbeeren mit Puderzucker, Eis und Milch in einen Elektromixer geben und gut durchmixen.

2 Den Shake auf 4 Longdrinkgläser verteilen und die Gläser mit Johannisbeerrispen garnieren.

Tipp:
Anstelle von Johannisbeeren schmecken auch Himbeeren oder Erdbeeren. Dann etwas weniger Puderzucker verwenden.

Black Shadow

für 4 Personen

- **500 ml (1/2 l) kalte Milch**
- **250 ml (1/4 l) kalter Johannisbeersaft**
- **250 ml (1/4 l) kalter Sanddornsaft**
- **3 EL Zucker**
- **einige Eiswürfel**

- **Zitronenmelisse**

1 Milch mit Johannisbeersaft, Sanddornsaft und Zucker gut verrühren. Einige Eiswürfel in Longdrinkgläser geben und den Drink darüber gießen.

2 Die Gläser mit Zitronenmelisseblättchen garnieren und den Drink sofort servieren.

Kleiner Eisbär

für 4 Personen

- **600 ml kalte Milch**
- **1 Msp. gemahlener Zimt**
- **7–8 Eiswürfel oder eine Tasse Crushed Ice**
- **4 EL Zucker**
- **300 g TK-Heidelbeeren**
- **4 große Kugeln Vanilleeis**

1 Milch mit Zimt, Eiswürfeln oder Crushed Ice, Zucker und Heidelbeeren in einen Elekromixer geben und gut durchmixen.

2 Den Shake in Cocktailgläser oder Sektschalen füllen, in die Mitte jedes Glases eine große Vanilleeiskugel setzen und sofort servieren.

Ratgeber

Glasarten

Bis auf wenige Ausnahmen werden folgende Gläser für Drinks verwendet:

Longdrinkglas – ein hohes, meist zylinderförmiges Glas (Beispiele auf Seiten 29 rechts, 49 und 53 links)

Tumbler – ein flaches, breites, meist zylinderförmiges Becherglas (Beispiele auf Seiten 9 links, 35 und 53 rechts)

Fancyglas – ein großes, bauchiges Glas mit kurzem Stiel (Beispiele auf Seiten 29 links, 39 links und 59 links)

Cocktailglas – ein flaches, trichterförmiges Glas mit einem hohen Stiel (Beispiele auf Seiten 21, 41 und 63)

Sekt- oder Champagnerschale – eine Schale mit einem hohen Stiel (Beispiele auf Seiten 9 rechts und 33 rechts)

Sektglas – ein tulpenförmiges oder kelchartiges Glas mit einem hohen Stiel (Beispiele auf Seiten 33 links, 37 rechts und 67 rechts)

Mixutensilien

Es gibt eine Vielzahl an Barutensilien. Folgende sind für die Rezepte in diesem Buch notwendig:

- Shaker
- Barsieb (es gibt auch Shaker mit eingebautem Sieb im Deckel)
- evtl. ein Elektromixer (für einige Drinks)
- Barlöffel (es reicht auch ein Tee- oder Joghurtlöffel mit langem Stiel)
- Messer und Schneidbrett (zum Schneiden der Früchte für die Garnierung)
- Zitronenpresse (zum Auspressen von Orangen, Grapefruits, Zitronen und Limetten)
- Trinkhalme und Holzspieße
- Messhut (zum Abmessen von 2 und 4 cl, ersatzweise ein Schnapsglas mit 2 cl-Markierung)
- Holzstößel (für einige Drinks zum Zerdrücken von Limettenstücken oder Minze)
- Holzhammer oder Fleischklopfer aus Holz oder Kunststoff (zum Zerkleinern von Eiswürfeln)
- 1 Eiszange
- evtl. ein Bowlengefäß

Einige Mixzutaten

Eis – Für Drinks werden verschiedene Eissorten (Eiswürfel, grob zerstoßenes Eis, Crushed Ice) verwendet. Für **grob zerstoßenes Eis** einige Eiswürfel in ein Tuch wickeln und mit einem Holzhammer das Eis zerschlagen. Es gibt auch mechanische oder elektrische Geräte (Eis-Crusher), die das Eis jedoch meist noch etwas feiner zermahlen, so dass Sie das so genannte **Crushed Ice** erhalten. Es ist sinnvoll, vor dem Mixen einen Vorrat an Eiswürfeln im Eiswürfelfach des Kühlschranks anzulegen. Verwenden Sie keine Eiswürfel direkt aus der Tiefkühltruhe, da diese zu kalt sind um abzuschmelzen und damit Kälte an den Drink abzugeben. Nehmen Sie deshalb Eiswürfel aus der Tiefkühltruhe 10–15 Minuten vor Gebrauch heraus. Besser eignen sich Eiswürfel aus dem Eiswürfelfach des Kühlschranks. Wenn es zum Drink passt, können Sie auch einige Eiswürfel aus Fruchtsaft und Wasser zu gleichen Teilen (z. B. mit Orangensaft) herstellen.

Fruchtsäfte – Achten Sie darauf, dass Sie nur Fruchtsäfte (aus 100 % Fruchtsaft oder aus Fruchtsaftkonzentrat) oder frisch gepresste Fruchtsäfte verwenden. Verwenden Sie keine Fruchtsaftgetränke, da diese verdünnt sind und zugefügten Zucker enthalten.

Cream of Coconut – Diese Mixzutat ist eine Kokosnusscreme aus Kokosnussfleisch, Zucker und Wasser. Sie ist nicht zu verwechseln mit Kokosmilch, die dünnflüssig und ungesüßt ist. Die bekannteste Marke der dickflüssigen Creme ist „Coco Tara". Man bekommt sie in Konservendosen in Lebensmittelabteilungen von Warenhäusern oder in Lebensmittelläden in der Getränkeabteilung.

Zuckersirup wird aus Zucker und Wasser hergestellt und oft zum Süßen von Drinks verwendet. Sie können ihn jedoch auch selbst zubereiten. Dazu Wasser und Zucker zu gleichen Teilen unter Rühren 2–3 Minuten kochen lassen, bis der Zucker vollständig gelöst ist (nicht bräunen!). Den Schaum entfernen, den dünnflüssigen Sirup erkalten lassen und kalt aufbewahren.

Grenadinesirup ist ein tiefroter Fruchtsirup aus Granatapfelsaft, der geschmacklich meist mit anderen roten Fruchtsäften abgerundet wird. Er wird für viele Drinks verwendet und gibt eine intensive Färbung des Drinks und ein süß-saures Aroma.

Limettensaft, Lime Juice und Limettensirup – Diese Zutaten werden oft verwechselt. Sie unterscheiden sich jedoch in Konsistenz, Geschmack und damit auch in der Anwendung voneinander.

Limettensaft ist der reine Saft aus Limetten. Am besten presst man ihn selbst aus frischen Limetten. In einigen Geschäften kann man ihn neben Zitronensaft von der Marke „Hitchcock" finden.

Lime Juice wird sehr oft in Drinks verwendet. Es ist ein durchsichtiges, leicht grünliches Limonadenkonzentrat aus Limettensaft und Zucker. Am bekanntesten ist der „Rose´s Lime Juice", den man in grünen Einweg-Limonadenflaschen in Getränkeabteilungen von Lebensmittelgeschäften findet.

Limettensirup ist ein Fruchtsirup, der aus reinem Fruchtsaft und Zucker besteht, eine dickflüssige Konsistenz aufweist und stärker konzentriert ist als Lime Juice. Fruchtsirupe gibt es auch in vielen anderen Geschmacksrichtungen.

Angostura Bitter ist ein Mixbitter aus Kräuterauszügen und wird oft zur Geschmacksabrundung von Drinks verwendet. Man benötigt meist nur 1–2 Spritzer.

Sodawasser ist mit Kohlensäure versetztes Tafelwasser. Es ist im Vergleich zu Mineralwasser geschmacksneutraler, weil mineralstoffärmer und eignet sich deshalb gut zum Mixen. Sie können ersatzweise salzarmes, kohlensäurehaltiges Mineralwasser oder noch besser selbst aufgesprudeltes Leitungswasser verwenden.

Red Bull ist ein taurin- und koffeinhaltiges Erfrischungsgetränk – ein so genannter Energy-Drink. Er wird in Dosen oder Flaschen mit 250 ml (1/4 l) angeboten.

Ginger Ale ist eine Ingwerlimonade, z. B. von „Schweppes".
Tonic Water ist eine klare, chininhaltige Bitterlimonade.
Bitter Lemon ist eine naturtrübe, chininhaltige, leicht herbe Zitronenlimonade.
Sahne und Schlagsahne – Zum Mixen von Drinks wird gelegentlich Sahne verwendet. Hier wird süße Sahne mit einem Fettgehalt unter 30 % verwendet. Schlagsahne mit einem Fettgehalt über 30 %, die zum Aufschlagen verwendet wird, ist nicht nötig.

Einige Alkoholsorten

Whisky und Whiskey – Kommt ein Whisky aus Schottland, so heißt er „Whisky". Ist er aus Irland oder aus den USA, so ist es ein „Whiskey". Der amerikanische Whiskey ist meist ein Bourbon, was darauf hinweist, dass er zum größten Teil aus Mais gebrannt wurde oder vereinzelt auch ein Rye, also zum Großteil aus Roggen.
Passoã ist ein Passionsfruchtlikör mit einem Alkoholgehalt von 20 % vol. Man kann ihn z. B. für den Partydrink Veritas (S. 32) verwenden.
Kahlúa ist ein mexikanischer Kaffeelikör mit einem Alkoholgehalt von 26,5 % vol. Er wird z. B. für den Partydrink White Russian (S. 56) verwendet.
Curaçao ist ein Orangenlikör, der nach einer Insel in der Karibik benannt ist. Er wird aus den Schalen der dort beheimateten Pomeranzen (Bitterorangen) hergestellt. Den Triple Sec („dreifach trocken") Curaçao gibt es als klare Variante sowie in verschiedenen Farben (C. Blue, C. Red, C. Green). Curaçao Orange, Dry Orange Curaçao und andere Orangenvariationen haben eine intensive Orangennote.
Absinth ist ein Wermut, der aufgrund seiner Inhaltsstoffe in Kombination mit dem hohen Alkoholgehalt von 1923 bis 1998 in Deutschland verboten war. Aufgrund von Rezepturänderungen ist er nun wieder erhältlich. Die meisten Absinthsorten haben ein Anisaroma und sind leicht grünlich bis opalfarbig. Rezepte sowie weitere Informationen finden Sie auf Seite 64.
Cachaça ist ein Zuckerrohrbrandwein aus dem Saft von frisch ausgepresstem Zuckerrohr. Besonders bekannt wurde er durch den Partydrink Caipirinha (S. 46).
Galliano ist ein Kräuterlikör mit einem intensiven Vanillearoma. Sein Markenzeichen ist die sehr hohe, schlanke Flasche. Ein bekannter Partydrink ist z. B. der Flying Kangaroo (S. 38)
Metaxa ist eine griechische Spirituosenspezialität aus Griechenland, die Ähnlichkeit mit Weinbrand oder Brandy hat, sich aber durch das Herstellungsverfahren davon unterscheidet. Metaxadrinks finden Sie auf den Seiten 26 und 60.
Aperol ist ein orangefarbener Bitter-Aperitif, der sich von anderen Aperitifs (z. B. Campari) durch seinen geringen Alkoholgehalt unterscheidet. Aperoldrinks finden Sie auf Seite 8.

Garnierung

Die in den Rezepten angegebene Garnierung ist lediglich eine Empfehlung. Ihrer Phantasie sind hier keine Grenzen gesetzt. Die Früchte sollen jedoch zu den Drinkzutaten und zur Drinkfarbe passen und der Drink nicht überladen werden. Es empfiehlt sich, die Früchte zum Garnieren vor der Verwendung abzuwaschen und abzutrocknen. Bitte verwenden Sie an Früchten, die mit in den Drink kommen, wie z. B. Limetten oder Zitronenschale, nur unbehandelte Früchte. Weitere Utensilien, die Sie zur Garnierung benötigen, sind Trinkhalme und Holzspieße (für Fruchtspieße).

Das Mixen

Mixgetränke werden auf 4 Arten zubereitet:
Das Shaken – die Zutaten mit einigen Eiswürfeln in den Shaker geben, ihn verschließen und 10–20 Sekunden in waagerechter Haltung schütteln. Drinks mit cremigen Bestandteilen wie z. B. Sahne werden etwas länger geschüttelt. Den fertig geschüttelten Drink durch ein Barsieb in ein Glas seihen. Die Eiswürfel bleiben zurück, sie dienen nur der Kühlung und dem Vermengen der Zutaten während des Shakens. Die meisten Drinks werden geschüttelt.
Das Mixen im Elektromixer – es wird für einige Drinks mit festen oder cremigen Bestandteilen wie Früchte, Eis, Eiscreme oder Milchprodukte genutzt. Die Zutaten in den Elektromixer geben, je nach Festigkeit der Zutaten einige Sekunden mixen und in ein Glas gießen.
Das Rühren – Eiswürfel und Zutaten in ein Rührglas (z. B. ein dickwandiges hohes Longdrinkglas) oder das Servierglas geben und schnell und kräftig verrühren. Wurde in einem Rührglas gerührt, den Drink durch ein Barsieb in das Servierglas abseihen.
Das Bauen oder Anrichten – es gibt einige wenige Drinks, die weder geschüttelt, noch gemixt oder gerührt werden. Ein Beispiel dafür ist der Caipirinha. Für die Vorgehensweise des Bauens oder Anrichtens gibt es jedoch keine festen Grundregeln, da sie je nach Drink variiert.

Weitere wichtige Hinweise und Tipps

- Gelegentlich wird 1 Spritzer oder „dash" Zitronensaft oder etwas anderes verwendet. Diese Menge entspricht etwa 1 ml.
- 1 Barlöffel Grenadinesirup oder anderer Sirup entspricht etwa 5 ml (1/2 cl). Sie können die Menge auch mit einem Teelöffel abmessen.
- Mixgetränke müssen kalt sein. Achten Sie deshalb darauf, dass sowohl das Glas, als auch größere Flüssigkeitsmengen, die zugegeben werden, wie Säfte, Limonaden oder Sekt, gut gekühlt sind.
- Servieren Sie Sekt- oder Champagnergetränke möglichst ohne Eis, da sie sonst zu stark verwässern.
- Je nach verwendeter Sprirituosenmarke kann die Farbe der fertigen Drinks schwanken.

Register

Drinks mit Alkohol

Register

Drinks ohne Alkohol

In dieser Reihe sind bisher außerdem erschienen: *Partysuppen, Partysnacks, Partysalate, Partyaufläufe* und *Schnelle Partyrezepte*. Sie erhalten diese Bücher im Buchhandel.

Umwelthinweis Dieses Buch und der Einband wurden auf chlorfrei gebleichtem Papier gedruckt. Die Einschrumpffolie – zum Schutz vor Verschmutzung – ist aus umweltfreundlichem und recyclingfähigem PE-Material.

Wenn Sie Anregungen, Vorschläge oder Fragen zu unseren Büchern haben, rufen Sie uns unter folgender Nummer an (0521) 52 06 51 oder schreiben Sie uns: Dr. Oetker Verlag KG, Am Bach 11, 33602 Bielefeld.

Wir danken für die freundliche Unterstützung

Tiberiu Romulus Rusu, Dracula-Bar, Bielefeld
Sabine Lange, Oetzen
Eddy Hahner, Nassauer Hof, Wiesbaden
Bacardi Deutschland, Hamburg
Borco-Marken-Import, Hamburg
Guinness UDV, Rüdesheim
Henkell & Söhnlein Sektkellereien KG, Wiesbaden
Jacobi Allied Domecq, Weinstadt
Ketchum GmbH, München
Maxxium Deutschland GmbH, Wiesbaden
Semper Idem Underberg AG, Rheinberg
wpr communication, Königswinter

Redaktion Sabine Puppe

Titelfoto Thomas Diercks, Hamburg
Innenfotos Axel Struwe, Bielefeld
Norbert Toelle, Bielefeld
Hoche & Hoche, Hamburg

Foodstyling Claudia Glünz-Wunder, Nordhorn
Requisite Wolfgang Mentzel, Paderborn

Grafisches Konzept Björn Carstensen, Hamburg
Gestaltung MDH Haselhorst, Bielefeld
Titelgestaltung KonturDesign GmbH, Bielefeld

Reproduktionen Kruse Reproduktionen GmbH, Vreden
Satz JUNFERMANN Druck & Service, Paderborn
Druck MOHN Media • Mohndruck GmbH, Gütersloh

ISBN 3–7670–0613-8